Aus der Reihe »BildWorte«

Friede mit dir

Skulpturen und Texte zur Weihnachtszeit von Cornelia Grzywa

VERLAG NEUE STADT MÜNCHEN · ZÜRICH · WIEN

1. Auflage 2015, Verlag Neue Stadt GmbH, München

Druck: PCB-Barta GmbH
ISBN 978-3-7346-1060-8
www.neuestadt.com

Zu diesem Buch

„Weihnachten - das ist die Geschichte einer großen Erwartung. Damals das Kind, der Retter, der Heiland der Welt. Und heute - erfüllte Wünsche, Familienfrieden, heile Welt?
Es ist nicht leicht auszuhalten, dieses Warten. Schnell stürzen wir uns ins Tun, gerade vor Weihnachten. Doch unsere Sehnsucht sitzt tiefer. Machen wir uns auf den Weg - hin zu dem, der uns erwartet. Er kommt uns entgegen, voller Freude.
Ich hoffe, dass meine Skulpturen und Texte zu Wegzeichen werden können. Um anzukommen, beim Kind in der Krippe, bei diesem Gott, der Mensch wird für jede, für jeden von uns."

Cornelia Grzywa

Dem Unsichtbaren eine eigene Sprache schaffen, dies ist der Grundgedanke, von dem sich die Bildhauerin, Fotografin und Autorin Cornelia Grzywa leiten lässt. Geboren 1962 in Kempten, führte ihr Weg nach dem Designstudium über verschiedene Etappen zur bildenden Kunst. Die Einbindung ihrer Werke in suggestive Landschaften, das sensible Spiel mit dem Licht, in dem die Dinge zum Leuchten kommen, und die meditativen Nachdenktexte ergeben Bilder, die unmittelbar in die Seele sprechen und je neu zum betrachtenden Verweilen einladen.

Freut euch, ihr Menschen
auf dem Berg Zion, jubelt laut,
ihr Einwohner von Jerusalem!
Euer König kommt zu euch! Er ist
gerecht und bringt euch Rettung.
(Sacharja 9, 9)

Advent.
Da will einer ankommen.
Bei mir und für mich.
Er kommt auf mich zu.
Ich geh ihm entgegen.
Voller Vorfreude.

Da sagte der Engel zu ihr:
„Du brauchst dich nicht zu
fürchten, Maria, denn du hast
Gnade bei Gott gefunden!“
(Lukas 1, 28)
Schaut nach vorne,
denn ich will etwas Neues tun!
Es hat schon begonnen,
habt ihr es noch nicht gemerkt?
(Jesaja 43, 19)
Denn uns ist ein Kind geboren,
ein Sohn ist uns geschenkt!
Er wird die Herrschaft übernehmen.
Man nennt ihn „wunderbarer
Ratgeber“, „Starker Gott“, „Ewiger
Vater“, „Friedefürst“. Er wird
seine Herrschaft weit ausdehnen und
dauerhaften Frieden bringen.
(Jesaja 9, 5 + 6)

Morgenstern

Während ich warte
dass es hell wird
geht mir Dein Licht auf
während mein Fuss
noch zögert
bescheinst Du den Weg
für mich
Gott
vom Himmel
Kind auf Erden
Morgenstern

Vierundzwanzig

Vierundzwanzig Tage
warten
und dann
der Himmel
vierundzwanzig Stunden
Tag und Nacht
geöffnet

Macht hoch die Tür

„Macht hoch die Tür,
die Tor macht weit"
so weit so gut
nur bis hierhin –
nicht weiter?
so eng die Tür
im Tor klemmt der Zweifel
ach
heb durch Dein Kommen
mein Nein aus den Angeln!

Advent

Bist Du es
den ich erwarte?
Seelentröster
Wunscherfüller
Alles-wieder-gut-Macher?

Bist Du es
oder ein völlig andrer –
Gott von ferne
hoch und heilig
Weltenrichter?

Gott
Menschenkind
Heiland
kommst in mein Fragen
mit offenen Armen
voller Freude
und wartest –
auf mich

Dem Himmel so nah

Vorsichtig
öffne ich die Tür
nur einen Spalt breit
mein Glaube
aber genug
für Deine Gegenwart
die auf einmal
mein Herz weit öffnet:
dem Himmel so nah

Mitten in meine Welt

Mitten in meine Welt
ins Alltagsgestrüpp
mein Herz
nicht aufgeräumt
keine Zeit keine Zeit

mitten in meine Welt
kommst Du selbst
sagst
Friede mit dir
Hab keine Angst
Ich bin da!

Verkündigung

Du
der Du mich ansprichst
herausforderst
mir Großes zutraust
beschenkst
Ich
erschrecke
zögere und zweifle –
bin ich wirklich gemeint?
aber tief in mir
wächst die Kraft
und der Mut
und ich hebe den Blick
sage – Ja!

Magnificat

Du kehrst alles um
bringst den Himmel zur Erde
machst groß alle Kleinen
und was vorherrscht, gering
wandelst Armut in Fülle
lässt all Deinen Reichtum
legst Dich selbst als ein Kind
in menschliche Arme
Zu Dir
kehr ich um

Weihnachten.
Dunkel wird Licht.
Gott wird Mensch.
Kind dieser Erde.
Heiland für die Welt.
Kann ich es fassen?

Mache dich auf, werde licht.
Denn dein Licht kommt, und die Herrlichkeit des Herrn geht auf über dir.
(Jesaja 60, 1)

Ehre sei Gott im Himmel!
Denn er bringt der Welt Frieden und wendet sich den Menschen in Liebe zu.
(Lukas 2, 14)

Fürchtet euch nicht!
Ich verkünde euch eine Botschaft, die das ganze Volk mit großer Freude erfüllt: Heute ist für euch der lang ersehnte Retter geboren. Es ist Christus, der Herr.
(Lukas 2, 10 + 11)

Immanuel

Wenn Du den Himmel
aufreißt
wenn Dein Licht
auf diese Erde fällt
wenn Dunkel und Leid
ahnt, dass es hell wird
wenn Du Mensch wirst
für uns
und mit uns
Immanuel

Loch im Zaun

Du
Loch im Zaun der Weltgeschichte
Krippe zwischen Krieg und Kronen
Du
Alibi fürs Heile-Welt-Spiel
Kaufen Schenken
hält der Frieden?
Du
Zeitenlenker
Ruhestörer
Gottes Sohn

Friedenskind

Zwischen uns
dieses Kind

Zwischen uns
Deine wärmende Nähe

Zwischen uns
wächst angstfrei
und verheißungsvoll
Dein Frieden
den Du uns
in die Arme legst

Weil Du Mensch wirst

Weil Du Mensch wirst
wie ich
kann ich Dir in die Augen schauen
Kind, das mich lieben lässt
Bruder, der mein Leben teilt
Freund, der mir nahe ist

Weil Du Mensch wirst
für mich
brauche ich nicht Gott sein
kann loslassen
was mir Herz und Hände fesselt

Du
Mensch und Gott
mir in die Arme gelegt
mich umfangend
bist Du beides
für mich

Der Engel

Im Flügel des Engels
der ganze Himmel
im Bogen zur Erde gespannt

im Antlitz des Engels
Deine Herrlichkeit
Aug in Aug mit uns Menschen

im Wort des Engels
Dein Frieden, der wahr wird:
Du selbst
schenkst Dich uns

Heiland

Findest den Weg
zu mir
mitternachts
auf einsamem Feld
reibst mir den Schlaf
aus zweifelnden Augen
vertreibst Dunkel und Trauer
mit Deinem Licht:

Steh auf und sieh –
ich verkündige dir
große Freude
denn dir ist heute
der Heiland geboren
heut kommt zu dir
der dich heil macht!

König ohne Krone

Du
König ohne Krone
brüchig Dein Haus
Du selbst
schutzlos und klein

Ich
Hirte im dunklen Gewand
die Haut meines Alltags
zerschlissen von Sorgen
nur hastig geflickt

zwischen uns
keine Mauern
kein Palast
aus Vorschriften
nur die Einladung
Deines Lichts:
Komm!

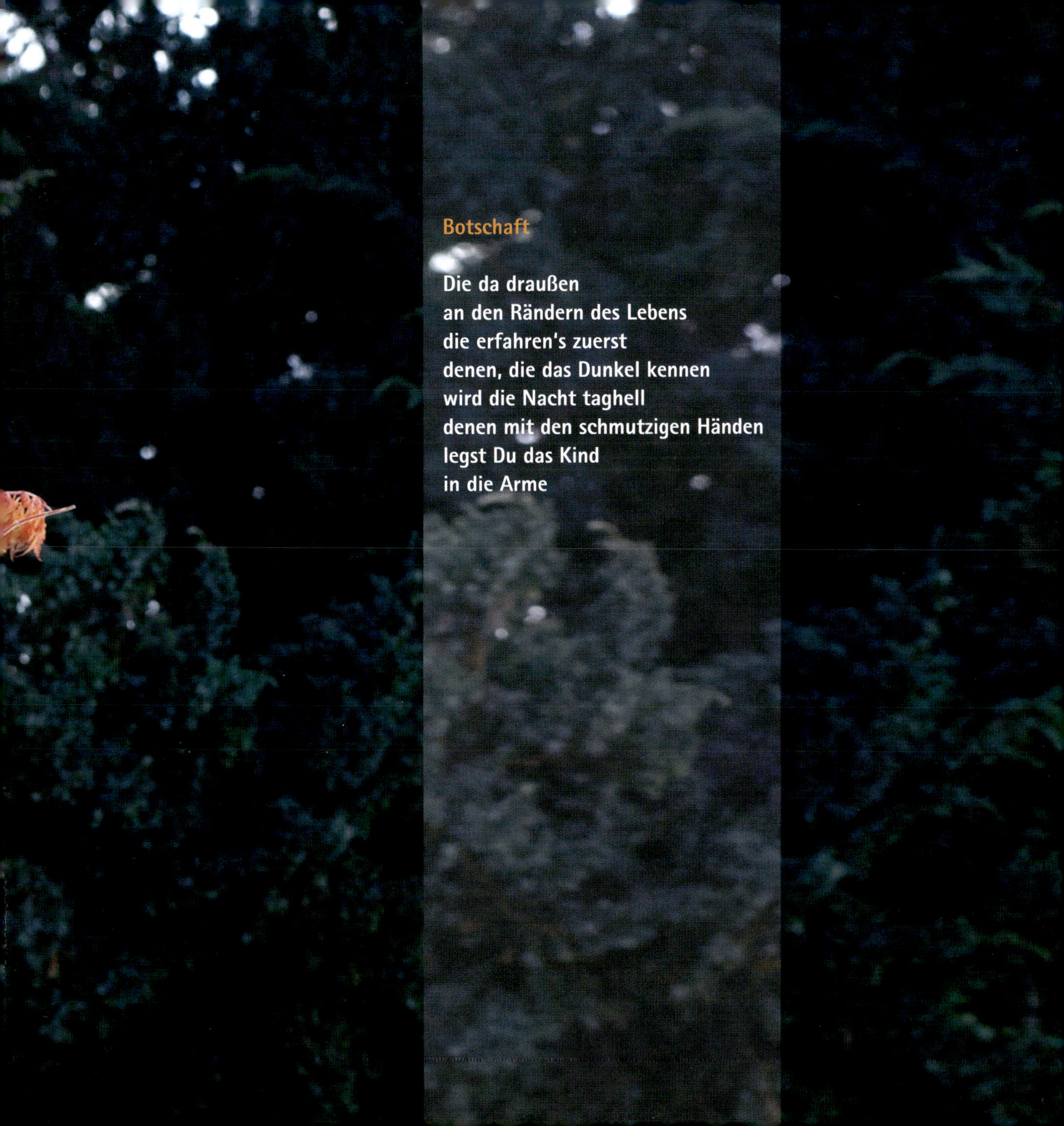

Botschaft

Die da draußen
an den Rändern des Lebens
die erfahren's zuerst
denen, die das Dunkel kennen
wird die Nacht taghell
denen mit den schmutzigen Händen
legst Du das Kind
in die Arme

Kleines Haus

Kleine Stadt
schläft
hinter festen Mauern
was soll schon passieren
da drinnen?

Kleines Haus
da draußen
hellwach
unter Engelsflügeln
drinnen schläft
der Herr der Welt

Ein einziger Ort

Ein einziger Stern
der heller strahlt
als alle anderen

ein einziges Kind
das alles verändert

ein einziger Ort
für seine Ankunft:
dein Herz

Zum neuen Jahr
Übergänge.
Dem Alten nachspüren,
das Neue erwarten.
Loslassen und ergreifen.
Gottes Segen
kann ich trauen.

Lobe den Herrn, meine Seele,
und vergiss nicht, was er dir
Gutes getan hat!
(Psalm 103, 2)

Der Herr ist mein Hirte,
nichts wird mir fehlen.
(Psalm 23, 1)

Sei mutig und entschlossen!
Lass dich nicht einschüchtern
und hab keine Angst!
Denn ich, der Herr, dein Gott,
bin bei dir, wohin du auch gehst.
(Josua 1, 9)

Friede mit dir

Friede mit dir
an der Schwelle des Jahres
im Fragen nach morgen
im Suchen nach Sinn

Friede mit dir
in dein Hoffen und Planen
dein Zögern und Wünschen
dein Werden und Sein

Friede mit dir
aus der Fülle des einen
der ihn dir schenkt:
Friede mit dir!

Dem Stern nach

Tausend mal tausend
Schritte dem Stern nach
Ein Herrscher?
Ein Weiser?
Oder doch nur ein Traum?
Und dann
unterm Stern
nur ein Kind
statt ein König
Licht der Welt
statt Erleuchtung
und alles Suchen
am Ziel

Zwischen gestern und morgen

Schmaler Grat
zwischen
gestern und morgen
dicht an dicht
wie zwei Seiten
eines Flügels

wohin ich auch sehe –
füll Du mein Heute

Auf ein Neues

Ob sich mir
neue Wege eröffnen
oder
mir manches
unüberwindlich scheint –
ich bin nicht allein:

„Fürchte dich nicht,
denn ich bin bei dir;
hab keine Angst,
denn ich bin dein Gott!
Ich mache dich stark,
ich helfe dir,
mit meiner siegreichen Hand
beschütze ich dich!"

Jesaja 41, 10

Aus unserem Verlagsprogramm

Der Verlag Neue Stadt bietet ein ausgesuchtes Programm aus den Bereichen Spiritualität, Biografien, Glauben und Leben, Lebenshilfe, Geschenkbücher u. v. m. In der Reihe BildWorte sind erschienen:

BEFLÜGELT
Skulpturen und Texte von Cornelia Grzywa

Die Skulpturen und Texte dieses Bandes spannen den Bogen zwischen sichtbarer und unsichtbarer Welt. Sie sprechen von dem, was uns Menschen im Innersten bewegt, und von der leisen Ahnung, dass unser Leben getragen ist.

48 Seiten, gebunden,
ISBN 978-3-87996-993-7

FÜR DEN TAG GEMACHT, DEN UNSERN
Texte von HILDE DOMIN

Mit Fotografien von Manuela Neukirch.
Hg. von Wolfgang Bader
40 Seiten, gebunden,
ISBN 978-3-87996-956-2

AUS DER INNEREN QUELLE LEBEN. Texte von MAHATMA GANDHI

Großartige Indien-Fotos zu nachdenkenswerten Gandhi-Worten.
40 Seiten, gebunden,
ISBN 978-3-87996-979-1

DEM HIMMEL NÄHER
Bergmeditationen eines Einsiedlermönchs

Texte von großer spiritueller Kraft in Verbindung mit eindrucksvollen Fotografien.
32 Seiten, gebunden,
ISBN 978-3-87996-952-4

DEM LEBEN AUF DER SPUR
Meditationsgedanken der Mönche von Tibhirine

Mit Impulsen der durch den Film »Von Menschen und Göttern« bekannten Mönche.
32 Seiten, gebunden,
ISBN 978-3-87996-948-7

Mehr unter: www.neuestadt.com
Weitere Produkte der Künstlerin unter: www.grzywa.de